Apóstolo Samuel Cameroun

Aqui está o Grande Sinal o Fim do Mundo

AF549174

Apóstolo Samuel Cameroun

Aqui está o Grande Sinal o Fim do Mundo

e o Retorno de Jesus Cristo

CREDO EDICIONES

Imprint
Any brand names and product names mentioned in this book are subject to trademark, brand or patent protection and are trademarks or registered trademarks of their respective holders. The use of brand names, product names, common names, trade names, product descriptions etc. even without a particular marking in this work is in no way to be construed to mean that such names may be regarded as unrestricted in respect of trademark and brand protection legislation and could thus be used by anyone.

Cover image: www.ingimage.com

Publisher:
CREDO EDICIONES
ist ein Imprint der / is a trademark of
International Book Market Service Ltd., member of OmniScriptum Publishing Group
17 Meldrum Street, Beau Bassin 71504, Mauritius
Printed at: see last page
ISBN: 978-613-4-40441-9

Copyright © Apóstolo Samuel Cameroun
Copyright © 2021 International Book Market Service Ltd., member of OmniScriptum Publishing Group

Vigésimo Quarto Estudo Bíblico/ 27

AQUI ESTÁ O GRANDE SINAL O FIM DO MUNDO, E ORETORNO DE JESUS CRISTO

PRÓLOGO ATIVADO...

Coleção da série cristã:
'' AQUELE QUE CAMA DE FAZER AVISO! ''
(Mateus 24:15)

Durante o curso de nossa caminhada espiritual, abordaremos os fundamentos da sã doutrina cristã, que é a coluna e o suporte da verdade. De acordo com o apóstolo Paulo encorajando seu fiel companheiro em 1 Timóteo 3: 14-15, ele escreveu a ele: " *Eu te escrevo estas coisas, na esperança de vir até você, mas para que você saiba, se eu demorar, como devemos nos comportar na casa de Deus, que é a Igreja do Deus vivo, coluna e sustentáculo da verdade* ". Seguindo o apóstolo Paulo, os estudos desta série, ao longo, vão acoplar os temas da doutrina bíblica aos da profecia, porque Jesus Cristo exortando fraternalmente a Igreja que é `` Membro de seu Corpo está sempre presente ao lado de sua família. Para isso, os ensinamentos da presente coleção serão baseados principalmente nos livros conjuntos do *Apocalipse* (*Apocalipse*), justapostos ao de *Daniel,* para confirmar esta boa nova da mensagem do evangelho. Já que, no final dos séculos, a doutrina evangélica, os dez mandamentos de Moisés e a profecia foram preciosamente recomendados aos cristãos genuínos, para servir de bússola nas trevas das trevas do mal. Isso é por causa do espírito de confusão que levou à apostasia doutrinária, já fez muito popular, entre todos aqueles comunidades de reivindicação cristã que a Bíblia chama de " *Babilônia, a Grande A Mãe do Proibida!* " *» Apocalipse 17: 5.*

Além disso, devemos buscar a Deus com todas as nossas forças, nós que somos a geração no final da história deste mundo destinada à sua ruína iminente e eterna! Foi somente Jesus quem determinou as condições de sua salvação para qualquer um que sinceramente deseja escapar saindo deste mundo ímpio. Para ele solenemente declara: " *ninguém pode vir a ele, se o Pai não o trouxer...* " No entanto, uma vez que vem ao Senhor, vamos também sabem que Jesus acrescenta: " *ninguém pode vir a Deus sem passar por ele (Jesus) ".* Finalmente, qual é o objetivo da nossa caminhada cristã? E o que é a Igreja de Cristo? Pode ser uma organização denominacional? - As Assembléias Cristãs têm que depender de alguma agência governamental para provar que são a Igreja de Cristo?

Enquanto os verdadeiros cristãos estão se preparando para enfrentar a pior perseguição da história sagrada, pelo *" 666 "* que em breve condicionará todo homem, - Devem nossas finanças, como os dízimos, ser comprometidas para ganhar o céu? - Cristo ainda está presente nessas denominações chamadas Igrejas? - Quem deve ser o cabeça da Igreja de Cristo? - Como as comunidades cristãs estão sendo construídas atualmente sob o único pastor, Jesus Cristo? - A Igreja de Cristo tem líderes visíveis? - Esta Igreja de Cristo pode manter a corrupção? Isso pode comprometer nossa salvação por algumas doutrinas antibíblicas? Que igreja hoje está perfeitamente de acordo com a santa vontade de Cristo revelada na Bíblia?

Por todas essas perguntas e tantas outras que certamente esquecemos, a coleção `` *Que quem lê, preste atenção* '', oferece exclusivamente respostas bíblicas simples e bastante completas de acordo com cada tema abordado. As respostas a estas perguntas acima no enunciado, digamos assim, só serão dadas aos corações humildes, por isso esta série cristã *"Cuide-se ao que lê",* é uma série de mensagens vivas. Eles foram elaborados com as necessidades espirituais de nossa geração em mente, especialmente as profecias de que a Bíblia, por meio de revelação e ensino doutrinário de Cristo, os apóstolos e profetas da antiguidade, nos convida a examinar incansavelmente dia e noite. numa vida de oração, a sua realização, para nos dar a força para nos apresentarmos perante o Filho de Deus no último dia. Aqui está a promessa de Cristo à sua Igreja: " *Ao que vencer e* cumprir as *minhas obras até o fim, darei autoridade sobre as nações.* » Apocalipse 2:26

NB: Salvo indicação em contrário, as referências bíblicas citadas nos estudos são retiradas da versão das sagradas escrituras (Louis Second). E para cada tópico, você pode consultar o resumo nas páginas **35** e **37.** Pela indicação ordinal (pergunta-resposta), qualquer reação particular, poderia suscitar um apoio bíblico e/ ou comunitário personalizado, por menor que seja, quer se manifeste em nosso site, por telefone WhatsApp ou em nosso endereço de e-mail marcado ao final de cada página.

A Igreja apresenta assim a vocês uma série de *" 27 estudos bíblicos ",* complementando tantas mensagens de vídeo e áudio em uma versão eletrônica que pode ser baixada do site *www Christians-Église.org.* Tudo isso por igual número de livrinhos, a serem oferecidos aos poucos, conforme o Senhor Javé Deus provê com misericórdia e graça em Jesus Cristo!

Toda esta coleção é oferecida gratuitamente, a fim de respeitar o espírito de Cristo que nos recomendou doá-la, pois a recebemos gratuitamente:

ENTÃO NÃO PODE NINGUÉM VENDER ESTA PALAVRA DE DEUS!

Mas primeiro, convidamos você a receber a carta do Autor escrita para seus leitores. Esta carta pode servir como um roteiro e um guia educacional. No entanto, nunca é cristão acreditar que nosso Senhor agirá de forma idêntica em todos os casos, durante o seu crescimento espiritual, ou durante o ministério pastoral de evangelização através de você. É por isso que, mais uma vez, o convidamos a ficar atento à sua voz espiritual, através do canal infalível que representa para todos, a leitura assídua de sua palavra, a Bíblia.

CARTA DE ENCORAJAMENTO DO AUTOR, PARA VOCÊ!

B rothers e irmãs, que a paz de Deus que excede todo o entendimento, guardará os vossos pensamentos em Cristo Jesus! "

Acolhe, tomando com a Igreja, o caminho estreito e estreito que conduz na eternidade, e do qual só O Filho de Deus é o Guia e o Pastor Soberano...

Em primeiro lugar, aconselharemos você durante seu estudo da Bíblia a ser crítico quanto ao significado das doutrinas às quais essas letras sagradas abordarão. Nisto, você estará seguindo as recomendações dos apóstolos de acordo com Atos 17:11. *" Esses judeus tinham sentimentos mais nobres do que os de Tessalônica; eles receberam a palavra com grande entusiasmo e examinaram as Escrituras todos os dias para ver se o que estava sendo dito a eles era correto. "*

Conforme você cresce como cristão, leia sua Bíblia regularmente. Ouça o Espírito Santo. Compartilhe essa riqueza com outras pessoas. Seja generoso, especialmente com as pessoas ao seu redor. Saiba como encorajar iniciativas de estudo da comunidade. Teste aqueles que por um espírito de crítica vã, irão acusá-lo de um sectário. Lute sem se distrair com os inimigos de suas almas. Simplifique sua vida cristã. Ajude os pobres em sua vizinhança, começando pelos membros de sua família. Envolva-se em campanhas de evangelismo público. Explore todos os nichos de comunicação e divulgue as boas novas como semeadores de Vida!

Não ignore ninguém em suas orações. Invoque o favor do Senhor Deus sobre aqueles que te ouvem, mas também sobre aqueles que irão resistir a você. " Não tenha inimigos... viva em paz com todos... e esteja em perfeita harmonia... ", com toda a Igreja local de Cristo no país, cidade ou distrito de sua residência.

Irmãos e irmãs, " fujam do pecado " e " sejam santos " porque " nosso Deus é santo. " E em gratidão a Deus por ter te salvado e enviado ", cante para Ele constantemente e canções espirituais sob a inspiração de Seu Espírito. "

Como você " recebeu de graça ", por favor, não quebre esta cadeia de solidariedade! Com os novos discípulos, comece apresentando o evangelho e, a seguir, aborde os temas doutrinários com base no seu público e nas necessidades espirituais deles. Você poderá escolher os temas que mais lhe agradam, obedecendo à voz do Espírito Santo. E como o " eunuco etíope " sabe que Cristo se juntará a eles na estrada quando você se der ao trabalho de ensiná-los, especialmente aos jovens. Dai-vos aos vossos Irmãos cristãos « como oferta a Deus », porque « a colheita é grande, mas os trabalhadores são poucos. " Além disso, lembre-se da promessa de Cristo na parábola dos " obreiros da última hora "

Assim, " nossa alegria será perfeita " em saber que vocês estão a caminho da pátria celestial, sendo filhos de Deus e servos de Cristo, se vocês aprenderam que " não há maior amor do que dar a vida por aqueles que nós amor ". Assim como " há mais alegria em dar do que em receber "

Finalmente, ser feliz, enquanto espera para o nosso Salvador Jesus, que " vai se esqueça de sua participação na propagação do evangelho ea mensagem da verdade ". Não tenha medo, mas do próprio Deus. E depois, muito rapidamente, conte-nos sobre o seu testemunho: dons que o Espírito Santo terá concedido a você, com vistas ao aperfeiçoamento do corpo de Cristo. " Seja abençoado em todos os sentidos! "

Por isso, " ***AMADO*** *", receba como presente do Senhor Jesus estes estudos bíblicos, transmitidos pelo ministério de evangelização da sua Igreja nos Camarões, pelo seu devoto servo e modesto irmão africano, que deseja recordar que YEHWEH Deus, através seu Filho Jesus Cristo, te ama com Amor Eterno. Acredite também em nosso devotado afeto fraterno, mediante a entrada do Espírito Santo. Amém!*

NB: *No final do estudo bíblico, deste título, você encontrará os diferentes temas propostos na* *coleção de estudos bíblicos "Cuidado ao que lê". Lembramos aos leitores que esta série de estudos bíblicos cristãos está disponível gratuitamente para sua edificação em www.chrétiens-Église.org*

CAMARÕES SAMUEL, **Apóstolo do** SENHOR JESUS CRISTO.

cameroun samuel@gmail.com Tel **+ 237 690600469** ou **+ 237 679647767**

TEXTO INTRODUTÓRIO

Apocalipse 17: 1-18

" W hen um dos anjos sete que tinham as sete taças, e falou comigo, dizendo: Vem, eu te mostrarei o julgamento da grande prostituta que está assentada sobre muitas águas. É com ela que os reis da terra cometeram imoralidade sexual e os habitantes da terra se embriagaram com o vinho de sua fornicação. Ele me carregou em espírito para um deserto. E eu vi uma mulher montada em uma besta escarlate, cheia de nomes de blasfêmia, com sete cabeças e dez chifres. Esta mulher estava vestida de púrpura e escarlate e adornada com ouro, pedras preciosas e pérolas. Ela segurava na mão uma taça de ouro, cheia de abominações e as impurezas de sua prostituição. Em sua testa estava escrito um nome, um mistério: Babilônia, a grande, a mãe das meretrizes e abominações da terra. E eu vi esta mulher embriagada com o sangue dos santos e com o sangue das testemunhas de Jesus. E, ao vê-la, fui tomado

de grande espanto. E o anjo me disse: Por que você está surpreso? Eu vou te contar o mistério da mulher e da besta que a carrega, que tem sete cabeças e dez chifres. A besta que você viu era, e não é mais. Ela deve ascender do abismo e ir para a perdição. E os habitantes da terra, aqueles cujos nomes não foram escritos desde a fundação do mundo no livro da vida, ficarão maravilhados quando virem a besta, porque ela era e não é mais., e que reaparecerá. "

Apocalipse 17: 1 - 18 " *Quem aqui é a inteligência que tem sabedoria. -As sete cabeças são sete montanhas, nas quais a mulher se senta. Há também sete reis: cinco já caíram, um existe, o outro ainda não veio e, quando vier, deve ficar um pouco. E a besta que era, e que não existe mais, é ela mesma um oitavo rei, e é do número de sete, e vai para a perdição. Os dez chifres que você viu são dez reis, que ainda não receberam um reino, mas que receberam autoridade como reis por uma hora com a besta. Eles têm um propósito e dão seu poder e autoridade à besta. Eles lutarão contra o Cordeiro, e o*

Cordeiro os vencerá, porque ele é o Senhor dos senhores e o Rei dos reis, e os chamados, os eleitos e os fiéis que estão com ele também os vencerão. E ele me disse: As águas que viste, sobre as quais se assenta a prostituta, são povos, e multidões, e nações, e línguas. Os dez chifres que viste e a besta odiarão a prostituta, despojá-la-á e desnudá-la-á, comerá a sua carne e a consumirá no fogo. Pois Deus colocou em seus corações a realização de seu propósito, e a realização de um propósito, e dar sua realeza à besta, até que as palavras de Deus sejam cumpridas. E a mulher que você viu é a grande cidade que reina sobre os reis da terra. "

INTRODUÇÃO

Os Chefes da Igreja Católica têm sua imagem facial na moeda chamada de " Emekis ", mas a Bíblia diz: Lucas 20:19 " *Os principais sacerdotes e escribas procuraram impor as mãos sobre ele na mesma hora, mas temiam o povo. Eles entenderam que era para eles que Jesus havia contado esta parábola. Eles começaram a observar Jesus e enviaram homens, fingindo ser justos, para lhe armarem e para ouvirem uma palavra dele para libertá-lo. ao magistrado e à autoridade do governador. Essas pessoas lhe fizeram esta pergunta: Mestre, sabemos que você fala e ensina com retidão, e que você não olha para a aparência, mas que ensina o caminho de Deus segundo a verdade. é lícito para nós para prestar homenagem a César ou não? Jesus, vendo sua astúcia, respondeu-lhes: Mostre-me um denário. quem é a imagem ea inscrição estão nele? de César, responderam eles. e disse- lhes: Dai, pois, a César, o que é de César, e a Deus, o que é de Deus. Eles não podiam retirar uma tudo em suas palavras perante o povo; mas, surpresos com sua resposta, eles permaneceram em silêncio. "*

Diante da imensa atração pelo dinheiro, o que podemos pensar dos chefes da Igreja Católica, de sua posição se a compararmos com a de Jesus? *Mateus 6:24 " Ninguém pode servir a dois senhores. Pois ou ele odiará um e amará o outro; ou ele se apegará a um e desprezará o outro. Você não pode servir a Deus e a Mamon. " O VATICANO NA CABEÇA DAS FINANÇAS GLOBAIS" O BANCO SUÍÇO* " O que acontecerá a seguir no mundo?

O VATICANO NA PERSPECTIVA DE GOVERNAR O MUNDO INTEIRO!!!

" A NOVA ORDEM MUNDIAL "

1. Quem são os principais atores neste governo mundial em preparação?

A FRANÇA DE NICOLAS SARKOSY, E A NOVA ORDEM MUNDIAL

Nicolas Sarkozy: "*É hora de construir a Nova Ordem Mundial...* "

Nicolas Sarkozy: " *A crise é global, devemos dar-lhe uma resposta global.* "

Nicolas Sarkozy: " *Faço um apelo a todos os governos. Nenhum de nós escapará impune, nenhum. Quero dizer não, ao fazer sua própria política em seu canto, isolado do que os outros fazem. E posso te dizer uma coisa, posso te dizer uma segunda coisa, posso te dizer uma terceira coisa, iremos juntos rumo a esta Nova Ordem Mundial. E ninguém, quero dizer, ninguém vai deletar isso.* "

NO ENTANTO, ESTE É O DESAFIO DE DONALD TRUMP EM " NOVA ORDEM MUNDIAL "

O Presidente da Comissão Europeia (UE), o alemão **DONALD TUSK.** Falando do caráter incorrigível do então recém-eleito presidente dos Estados Unidos, declarou na mídia: `` *Donald Trump está se divertindo com a Nova Ordem Mundial, que ele se permite desafiar* "

" A NOVA ORDEM MUNDIAL, OS EUA E A SOBERANIA SUPRA NACIONAL DE UMA ELITE INTELECTUAL E DOS BANQUEIROS MUNDIAIS "

George W. Bush em 1992, " *Se o povo tivesse a menor ideia do que fizemos, eles nos arrastariam e nos deixariam ir. Alguns INKOUAMES e a família Rock Feler sendo mão branca de uma cabala secreta, trabalhando contra os melhores interesses dos Estados Unidos, porque minha família e eu, como internacionalista e conspirador em todo o mundo para construir uma política global, uma estrutura mais integrada, uma economia, um mundo se quiser. Se esta é a carga, sou culpado e orgulhoso disso. Agradecemos a WASHINTONG POST, TIME MAGAZINE, TIME MAGAZINE e outras publicações importantes, cujos diretores participaram de nossa reunião e* *mantiveram sua promessa de sigilo por quase quarenta anos. Teria sido impossível desenvolver nossos planos para o mundo se nós tinha sido objeto de exibição pública todos esses anos. Mas o mundo agora está mais sofisticado e preparado para entrar em um governo mundial. A soberania supranacional de uma elite intelectual, e dos banqueiros mundiais, é certamente preferível à autodeterminação pra citado por séculos. Estamos às vésperas de uma transformação global. O que precisamos é da grande crise certa. E as nações aceitarão a Nova Ordem Mundial. "*

Nota: Os ricos usam os EUA, entre outras coisas, para estabelecer seu controle sobre os Homens por meio da "Nova Ordem Mundial". O chefe do Vaticano é do mundo, pois fala desta nebulosa infernal. Confirmando assim sua dependência do poder do mal que personifica os pensamentos do mundo. Uma vez que ele exorta aqueles que o seguem nesta marcha de ovelhas panúrgicas, a preparar a federação dos estados, aderindo aos ideais liderados pelos prós e contras da próxima seita supranacional que o verá à frente do Vaticano, à frente do impor o 666 a todos os tributos, línguas, nações da terra.

2. Como a profecia bíblica já anunciou essa abordagem do VATICANO aos governos terrestres? *Apocalipse 18:23*

" *A luz da lâmpada não brilhará mais com você, e a voz do noivo e da noiva não será mais ouvida com você, porque seus mercadores foram os grandes da terra, porque todas as nações foram seduzidas por seus encantos* "

Nota: A nova Ordem Mundial são os ricos que anunciaram isso. Não é o povo de Deus. Nem é o resultado de um empreendimento combinado das chamadas nações civilizadas democráticas. Mas já que são os ricos que falaram sobre isso e que têm o poder no Ocidente. Os chefes de estado que estão sujeitos a esta oligarquia bancária, então promovem esta elite do petróleo falando sobre a Nova Ordem Mundial.

Nota: O VATICANO, bem como todas as Igrejas que se dizem protestantes, demonstram claramente que não fazem parte da Igreja de Cristo segundo o modelo de Deus. Basta olhar e pensar em uma opção bem prática.

3. Cristo estava envolvido nas decisões relativas ao mundo político e financeiro de Israel ou dos romanos?

Leiamos contraditoriamente o que o chefe da Católica Igreja, Bento XVI, diz: *" Modern homem, adulto, às vezes fraco em sua vontade. Deixe-se levar pela mão do filho de Belém. Não tenha medo, confie Nele. A força revigorante de sua luz, encoraja você a se engajar na construção de uma Nova Ordem Mundial, baseada em relações éticas e econômicas justas "*

Nota: O Senhor disse: Mateus 6:24 " *Ninguém pode servir a dois senhores. Pois ou ele odiará um e amará o outro; ou ele se apegará a um e desprezará o outro. Você não pode servir a Deus e ao deus Dinheiro Mammon.* " O exemplo de David Rock Feler, ele ama a Deus, ou melhor, o dinheiro? Estávamos dizendo em outro estudo bíblico, como este oligarca foi o primeiro a descobrir a reserva de petróleo mais importante do mundo. Está localizada no presumível paraíso, o Jardim do Éden. Hoje, este território cobre o atual Oriente Próximo e Oriente Médio. O magnata do petróleo, embora inspirado pela Bíblia para descobrir o ouro negro, nos permite confirmar mais uma vez a dedicação de nosso Senhor à prata. A Bíblia nos adverte para ter cuidado com seu amor 1 Timóteo 6: 7-12 " *porque nada trouxemos ao mundo, e é evidente que dele não podemos tirar; se tivermos comida e roupas, isso bastará. Mas aqueles que querem receber ricos caem em tentação, na armadilha e em Muitos desejos sem sentido e perniciosos que mergulham os homens na ruína e na destruição. Pois o amor ao dinheiro é a raiz de* *todo o mal, e alguns, sendo possuídos pelo branco, se desviaram da fé, e se lançaram em muitos tormentos. Por você, cara of Deus, fuja dessas coisas e busque a retidão, a piedade, a fé, a caridade, a paciência, a mansidão. Combate o bom combate da fé, apodera-te da vida eterna, para a qual foste chamado e para a qual fizeste uma bela confissão na presença de um grande número de testemunhas.* " Apesar das fontes bíblicas por trás de sua imensa riqueza, Rock Feler nunca serviu verdadeiramente ao Senhor com os bilhões que tinha. Pelo contrário, ele poluiu a terra de Deus ao destruí-la. E ainda conhecemos o aviso da Bíblia contra todos aqueles que destroem nossa planeta: " *Nós te damos graças, Senhor Deus Todo-Poderoso, quem é, e quem foi, pelo que porque você tomou o seu grande poder. e tomou posse de seu reino. As nações ficaram com raiva; e sua ira chegou, e chegou a hora de julgar os mortos, de recompensar seus servos, os profetas, os santos e aqueles que temem seu nome, pequenos e grandes, e de destruir aqueles que destroem a terra.* " *Apocalipse 11: 17-18.* Portanto, não é um profeta que anunciou a Nova Ordem Mundial de Deus. Eles são chefes de estado por parte do chefe dos satanistas, ou seja, o homem ímpio, o adversário de Deus, o "666". Essas pessoas ricas e todos os chefes de estado que fazem declarações sobre a Nova Ordem Mundial, acompanham o chefe da Igreja Católica, que também está sujeito ao Diabo. Isso demonstra ainda mais as obras sombrias do Vaticano por seu chefe ao lado do Diabo. " *Se a cabeça está doente, todo o corpo está doente* ", diz a Bíblia. Esses grupos da Nova Ordem Mundial são todos líderes cegos guiando outros cegos. O mundo católico e toda a cristandade que esfriou seguindo falsas doutrinas, e que não querem mais fazer perguntas, simplesmente não querem mais ouvir a Deus lendo suas Bíblias. Eles não questionam Deus por meio de sua palavra revelada, as sagradas escrituras, tornando-se assim piores que os pagãos. O chefe do Vaticano procurou manipular os católicos com o anúncio da Nova Ordem Mundial. O Senhor Jesus demonstra claramente através da série de ensinamentos cristãos que transmitimos a você, que o "666" em breve aparecerá para o mundo como o próximo líder mundial, trazendo a irrefutabilidade da sagrada profecia, como uma advertência aos crentes. Recomendamos que você tome conhecimento do assunto através do tema bíblico dedicado a este assunto: **A destruição do Vaticano e a ascensão de seu líder no lugar, como Governador Mundial.**

Este evento anunciado na Bíblia está prestes a se cumprir durante a meia hora restante da profecia. O tempo que Deus atribuiu a ele, " *uma hora* ", começou em 13 de março de 2013 e está exatamente no ponto médio de seu cumprimento, momento em que o espírito de Deus nos inspira a escrever essas mensagens. exortação profética. Sabendo " que *uma hora* " profética, corresponde a um período de quinze anos literais, meia hora é, portanto, um período de sete anos e meio literal. Conclusão, a profecia de sua destruição será cumprida em **15 de dezembro de 2027!** Lembre-se que: " *a escrita não pode ser quebrada* " e proclamou o Cristo.

O SÍMBOLO DE UMA APOSTASIA ESPIRITUAL

4. Qual é o segundo ponto na mensagem dos anjos antes da volta de Cristo? *Apocalipse 14: 8*

" Ela caiu .... "

5. Que ordem Deus dá a respeito da *Revelação da* **Babilônia**

18: 4

"........ Do meio dela..... Pessoas "

Nota: A ordem é para o povo de Deus. Muitos ainda estão na Babilônia. Com amor, Deus os chama para sair dela antes que os palies o alcancem.

6. Quais são as razões pelas quais Deus deseja que Seu povo deixe Babilônia?

a. Uma casa de ....

b. Um assombro de tudo ....

c. Nações bebem seu ....

d. Ela se entregou a .... com os reis da terra.

e. Não participe do seu ......

f. Não participar no seu ....

g. Seus pecados se acumularam até ....

h. Deus se lembrou de seu ... .

Nota: É óbvio que a justiça divina está estabelecida no julgamento de Babilônia sobre a questão de suas ações satanistas e perversas, então neste assunto ela tratará disto. Seja o que for, é melhor que o povo de Deus saia do meio dela.

7. Alguns dizem que esta é a cidade real, restaurada. O que a Bíblia diz? *Isaías 13: 19-21*

" Babylon........... Vai haver continuação..... "

Nota: a restauração da antiga Babilônia é impossível. Deus, ela não estaria.

8. Que símbolo Deus usa para descrever Babilônia?

Apocalipse 17: 15

" A .... sentado em ...... "

Nota: uma cortesã montando uma besta. Como vimos, puro representa uma mulher que tem uma Igreja fiel (Ver lição 16) Uma mulher corrupta representa uma igreja apóstata do ano (*Jeremias 3: 1-18, 20 Ezequiel 16: 26-27; Isaías 50: 1; Jeremias 13: 27; Oséias 2: 2-5 Ezequiel 23: 1-21; Apocalipse 14: 4).*

9. O que o Apocalipse chama de Babilônia, a Grande?

Apocalipse 17: 5 " Na sua testa estava escrito um nome, am yster: Babilônia, a grande, a mãe das meretrizes e das abominações da terra. "

Nota: O perigo é grande quando uma pessoa lê nas escrituras certos ensinamentos sobre este e outros assuntos igualmente importantes e recebe diferentes doutrinas de sua Igreja. Alguns concluem que não conseguem entender a Bíblia. A verdade é que eles entendem bem, mas foram ensinados de maneira errada.

ABOMINAÇÃO DA DESOLAÇÃO (papado) - PASSADO, PRESENTE, FUTURO

10. Como Deus descreve a besta em Apocalipse 17?

" *A besta ...., Não é mais .... isto....* "

Nota: Os
capítulos **13** e **17** descrevem " *A Abominação da Desolação* " = Cabeça da Igreja Católica em Roma. O capítulo 13 não faz distinção entre os aspectos religiosos e políticos desse poder. O Capítulo 17 faz a distinção. A mulher prostituta é a igreja apóstata. Ela monta uma besta (um estado ou governo). Isso indica que é suportado pelo estado e pelo controle. É óbvio que João indica, aqui, um conluio entre os poderes civil e religioso.

AQUI ESTÁ A EXPLICAÇÃO

A misteriosa frase " *A Besta que você viu era e não é." Deve ascender do abismo e ir para a perdição* "refere-se a diferentes períodos da" *A bomination the D ésolation* " = *Cabeça da Igreja Católica de Roma.* Esta indicação cronológica chegando logo após foi mencionada a perseguição de" *the A bomination the D ésolation* " = *Cabeça da Igreja Católica de Roma,* sugerimos isso.

FOI - O período de 1260 anos de perseguição da " *A bomination the D ésolation* " = *Chefe da Igreja Católica de Roma.*

NÃO MAIS - O período de " feridas mortais " e convalescença (*Apocalipse 13: 3)*

ELA RIMA - Últimos dias, após a cura milagrosa da ferida mortal, quando a Besta recebe, por uma hora, a autoridade com a Besta (*Apocalipse 13: 3; 17: 12-13*)

11. Que poderes são representados pelas sete montanhas?

Apocalipse 17: 9-11

" *The Seven........ São sete...... é a qui.............. Está sentado* "

Nota: Uma montanha, na profecia, geralmente representa um reino ou um rei. (*Jeremias 51: 24-25*). O falso sistema de adoração de Satanás existe desde os dias da Babilônia e tem o apoio de governos em todo o mundo. Já o gráfico cronológico de *Apocalipse 17* ocorre *após os 1260 anos de perseguição da* " Abominação da Desolação " = Cabeça da Igreja Católica de Roma.

VAMOS ANALISAR as datas que traçam todo o surgimento do VATICANO na história da cristandade após sua queda de 1798 até 1929 e seguintes!

1. De 1922 a 1929, até 1939 **Pio XI Pedro XI** (64 anos em sua posse.) _

Assine os acordos LATRAN em ROMA por MUSSOLINI

2. 1939 <u>Pierre XII</u> (63 anos quando foi inaugurado)

3. 1958 **<u>João XXIII</u>** (76 anos em sua investidura).

4. 1963 **<u>Paulo VI</u>** (65 anos em sua investidura).

5. 1978 <u>João Paulo I</u> (68 anos em sua investidura).

12. Quantos são?

Apocalipse 13: 3 " ... . existe *"*

13. Quem é aquele que *" é "?*

Nota: O Chefe da Igreja Católica que sucedeu aos cinco caídos é de fato o seguinte cuja história registra que ele foi **um** dos mais populares de todo o catolicismo: **JOÃO PAULO II.**

Apocalipse 13: 3

1978 **JEAN PAUL II** " A
.... "

Nota: A partir de **1978-2005** João Paulo II foi um dos mais longos reinados s cabeça do catolicismo e um dos mais populares também. No total, ele passou 27 anos. É por isso que a Bíblia fala dele em um presente contínuo " ***Um existe!*** "

14. Mas o que aconteceria a seguir na cronologia das sucessões na cabeça da besta?

" Um existe, os..................... ainda não é ...., e quando ele vier, deve permanecer ...., ..., ... "

2005 **Bento XVI** (78 anos em sua investidura).

15. O que a Bíblia diz sobre esse personagem?

" Que ele deve ficar um pouco tempo." »*Apocalipse 13:*

16. Também está marcado?

Nota: Sim, **BENTO XVI** efetivamente deixou o trono do VATICANO após uma repentina renúncia que surpreendeu todas as Igrejas do mundo até as chancelarias que se interessaram por este evento ao mais alto nível da diplomacia internacional. Seu curto mandato à frente da Igreja Católica marca um ponto decisivo na profecia e o fim do mundo que hoje parece ser o fim. **É O FIM DO MUNDO!** Você percebe que é certamente a última família terrestre a viver na Terra?

Vamos continuar a examinar as sagradas escrituras com o objetivo de receber JESUS em breve!

17. Finalmente, o que anuncia para o fim?

" E a Besta que era, e que não é mais, é ela mesma Uma ....King, e é um dos sete, e vai para .... ".

18. Qual é o termo usado para encerrar seu reinado?

Apocalipse 13: 3

" *E ela vai para .... "*.

19. Compare os termos usados aqui para identificar esta besta?

II Thesalonians 2: 1-3

" *Que ninguém te engane de forma alguma; porque a apostasia deve ter acontecido antes, e que vimos aparecer o Homem do Pecado, o Filho de .... "*

20. O que é realmente?

Nota: " *Que ninguém te engane de forma alguma; porque leva a queda de antes, e vimos parecer o homem do pecado, "* ***o filho da perdição*** *", o adversário que se eleva acima de tudo que se chama Deus ou daquilo que adoramos, até sentar-se no templo de Deus,* ***proclamando-se Deus****... Porque o mistério da iniqüidade já está operando, basta que aquele que ainda o mantém tenha desaparecido. Então aparecerá o Profano, a quem o Senhor destruirá com o sopro de sua boca e que aniquilará com o resplendor de sua vinda. O aparecimento deste ímpio será, pelo poder de Satanás, com todos os tipos de milagres, sinais e* *prodígios de mentira, e com todas as seduções da iniqüidade para aqueles que perecem pelo que não receberam amor da verdade para serem salvos. Então Deus lhes envia um poder de ilusão, para que acreditem na mentira, para que todos aqueles que não acreditaram na verdade, mas que tiveram prazer na injustiça, sejam condenados. Por nós, irmãos amados do Senhor, devemos dar graças a Deus continuamente por vocês, porque Deus os escolheu desde o início para a salvação, pela santificação do Espírito e pela fé na verdade.*

21. COMO SEU FIM ACONTECERÁ?

" Os dez chifres que viste são dez reis, que ainda não receberam reinos, mas que receberão autoridade como rei por uma hora com a Besta. Eles têm um propósito e dão seus poderes e suas autoridades à Besta. Eles lutarão contra o Cordeiro e o Cordeiro os vencerá porque ele é o Senhor dos senhores e o Rei dos reis, e os chamados, os eleitos e os fiéis também os vencerão. E ele me disse: As águas que viste, nas quais se assenta a prostituta, são povos, multidões, nações e línguas. Os dez chifres que você viu e a Besta irão odiar a Prostituta, despojá-la e deixá-la nua, comer sua carne e consumi-la com fogo. Pois Deus colocou em seus corações a realização de seu propósito, e a realização de um propósito, e dar sua realeza à Besta, até que as palavras de Deus sejam cumpridas. E a mulher que você viu é a grande cidade que reina sobre os reis da terra. "

Daniel 9: 26 " *E depois de-sessenta e dois weeks` deve Messias será cortado, e ele vai-ter nenhum sucessor. Povo de um governante que vêm destruirá a cidade eo santuário, eo seu fim* *virá como uma inundação; -lo está decidido que a devastação durará até o fim da guerra.* "

Daniel 2: 33 " *Suas pernas são de ferro; seus pés, em parte de ferro e em parte de barro. Você estava observando, quando uma pedra se soltou sem ajuda de qualquer mão, atingiu os pés de ferro e barro da estátua e rasgou.-los em pedaços Então o ferro, o barro, o bronze, a prata eo ouro, foram quebrados juntos, e tornou-se como a palha que escapa de uma eira no verão; o vento levou -os fora, e nenhum vestígio foi encontrado. Mas a pedra que atingiu a estátua tornou-se uma grande montanha e encheu toda a terra.* "

VAMOS RECAPITAR ESSES EVENTOS EM UM GRÁFICO!

DATAS IMPORTANTES AO CURAR FERIMENTOS DE BEBÊ E SUA RESTAURAÇÃO: Apocalipse 13

" OS CINCO REIS QUE CAÍRAM "

Apocalipse 17: 10

(64 anos quando foi inaugurado.)

- 1922 Pio XI (64 anos)

1929 Pio XI assina os acordos LATRAN em ROMA por MUSSOLINI

2 [ème] *rei* ***PIERRE XII***

(63 anos em sua posse.) - 1939 Pio XII (63 anos de idade)

3 ème rei ***João XXIII***

(76 anos quando foi inaugurado).
- 1958

O 4ème rei ***PAULO VI***

(65 anos quando foi inaugurado.)

\- 1963

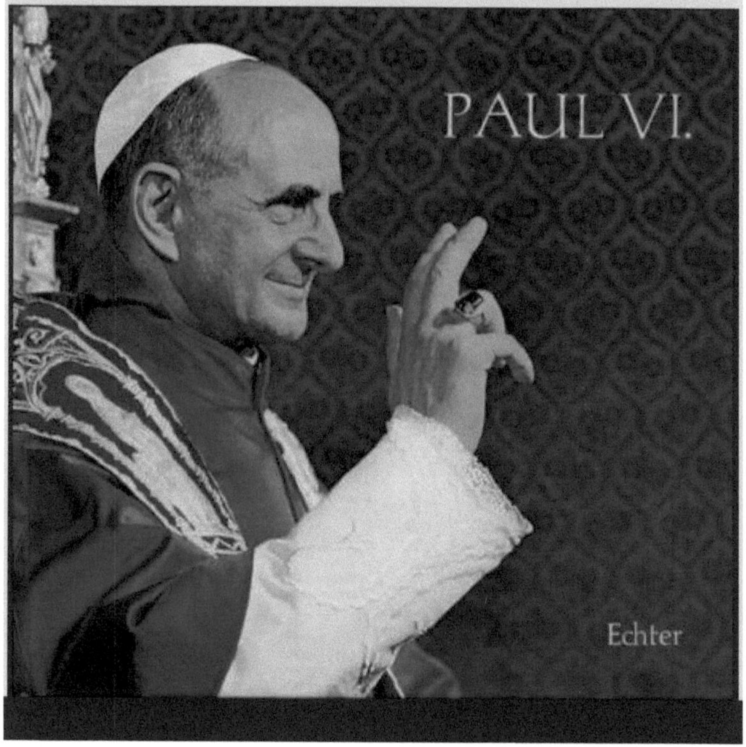

A 5 ª me rei ***João Paulo I*** *st*

(68 anos após sua posse.)

- 1978

(O REI QUE DEVE PERMANECER MUITO TEMPO, porque " Um existe " = 27 anos)

6 th rei (J EAN PADRE

(58 anos em sua posse.)

- 1978

O 7º ***Rei*** **Benedict**

(78 anos em sua posse.)

2

" (O REI QUE...) VAI À (SUA) PERDIÇÃO E, PORTANTO, AO ÚLTIMO REI. "

A 8ème rei Francisco Ist

(76 anos quando foi empossado. Nascido em 17 de dezembro de 1937) Investiu em 2013 e 13 de março.

LEMBRETE DE TODOS OS OITO

The 7 Kings & the Eighth is a Beast & the Last							
1	2	3	4	5	6	7	8
Pius XI	Pius XII	John XXIII	Paul VI	John Paul I	John Paul II	Benedict XVI	[illegible]
1922-1939	1939-1958	1958-1963	1963-1978	1978	1978-2005	April 19 2005	
Lateran Treaty 1929				Reigned only 33 days	Seriously Wounded 1981	Rules only a short time	
Five are fallen					One is	One yet to come	Goes into Predition

22. O que os dez chifres representam?

Apocalipse 17: 12

" Os dez.................................. São dez......................... "

Nota: Esses dez reis representam as nações da Europa moderna.

23. E como este homem ímpio, filho da perdição, será destruído, que se fará Deus e adorará no templo de Deus? *2 Tessalonicenses 2: 8 " E então aparecerá o ímpio, a quem o Senhor Jesus destruirá com o sopro da sua boca, e que destruirá com o resplendor da sua vinda." "*

PROFECIAS DESCREVENDO A DESTRUIÇÃO DO VATICANO, MAS SALVANDO POR UM TEMPO SEU ATUAL CHEFE: FRANÇOIS 1 ER

24. Quando exatamente a força do adversário de Deus, o homem ímpio, o Filho da perdição, deve aumentar?

Daniel 8: 23-24 " *No fim do seu domínio, quando os pecadores forem consumidos, surgirá um rei destemido e astuto. Seu poder aumentará, mas não por sua própria força; ele causará estragos incríveis, terá sucesso em seus empreendimentos, destruirá os poderosos e o povo dos santos.* "

25. Como e por quem esse poder religioso será destruído? Apocalipse 17:16

" *Os dez chifres que viste e a besta odiarão a prostituta, despojá-la-á e desnudá-la-á, comerá a sua carne e a consumirá no fogo.* "

Daniel 8:23 " No fim do seu domínio, quando os pecadores forem consumidos "

Nota: A destruição dos pescadores aqui se refere ao tempo em que o trono da Besta, o Vaticano, será consumido pelo fogo, de acordo com as profecias de *Apocalipse 17 e 18*. De acordo com esses dois capítulos, essa destruição ocorrerá em 15 de dezembro de 2027. (*Ver estudo bíblico N ° 22 desta série*) E visto que a Bíblia nada anuncia sobre uma provável sucessão do atual chefe da Igreja Católica que é " *L é a besta que Era e não é, ela mesma é o oitavo rei, e é dos sete, e vai para a perdição " Apocalipse 17: 11.* François 1º, acabando de subir ao posto de chefe da Igreja Católica, concordamos com as Escrituras que sendo este Abominável que é chamado Papa ou Pontífice pelos não-cristãos, que afirma estar sem pecados, permitindo perdoar os pecados da humanidade, é este oitavo Rei e Cabeça, inclusive durante o restabelecimento das relações entre o Vaticano e a Itália desde a época de Mussolini que assinou os Acordos de Latrão em 11 de fevereiro de 1929 em Roma! A Bíblia afirma que este oitavo Rei ainda estará no lugar quando Jesus voltar. Certamente para receber sua sentença pelo Filho de Deus, Ele mesmo em sua vinda no fim do mundo (*2 Tessalonicenses 2: 8).* É o que afirmamos também anunciando aos cristãos e a toda a Igreja que o atual chefe da Igreja Católica, Francisco 1º; oitavo em sua sucessão, nenhum de nós o verá morto! Mas que todos possamos contemplar a sua destruição no retorno de nosso Senhor Jesus, que será feito *" pelo sopro da sua boca na sua vinda no último dia "* (*2 Tessalonicenses 2: 8*). Lembre-se de *Daniel 8: 25 " E se levanta contra o Príncipe dos príncipes; propósito será quebrado, sem o estresse de qualquer mão "*. Sem os esforços de qualquer mão lembrando que só o próprio Cristo o destruirá seu retorno. a partir do coração que pode trazer-lhe este aviso de que ele pode se poupar seu papamóvel, porque nada é planejado para ele além da sua destruição pelo Filho de Deus, cujo pai ele se permitiu blasfemar e simulada.

" ***Quebrado*** *", " este Chefe atrevido e astuto "* será (...)

26. Mas será que entendemos ao mesmo tempo a urgência de estar em perfeita comunhão com Deus por meio de Jesus Cristo, neste final de história?

" Porque o Filho de Deus virá em breve!!! "

27. O que a Bíblia diz sobre a destruição do astuto rei do livro de Daniel? *Daniel 8:25*

" E Ela se levanta contra o Príncipe dos príncipes; mas será quebrada sem o esforço de qualquer mão. "

28. E além disso, como os reinos da terra deveriam ser destruídos de acordo com o sonho de Daniel com o rei Nabucodonosor? *Daniel 2: 44-45*

" Nos dias desses reis, o Deus do céu levantará um reino que nunca será destruído e que não ficará sob o domínio de outro povo; ele vai

quebrar e aniquilar todos aqueles reinos, e ele mesmo vai durar para sempre. Isso é indicado pela pedra que você viu se soltar da montanha sem ajuda de nenhuma mão, e que estilhaçou o ferro, o latão, o barro, a prata e o ouro. "

Nota: *" Sem ajuda de mão alguma "*, indicando que a destruição desses reinos será feita sem o esforço da ajuda humana, nem de nenhum reino. Assim como a destruição do homem ímpio do livro de *2 Tessalonicenses 2: 7* que será destruído pelo sopro da boca de Jesus. Relembrando sérias semelhanças entre um e outro em como Deus acabará com esses reinos blasfemos de repente, e pelo poder divino demonstrado em Jesus Cristo!

Nota: Observe a correlação entre esses Reis de *Daniel,* do *Apocalipse* e **de** *II Tesalonia nos II.*

a) *Daniel 8 25* *" Por causa da prosperidade e sucesso dos seus truques, ele vai* [1ª] *arrogância no coração,* [2ª] *vai destruir muitos que viveram em paz,* [3ª] *e se levantar contra os chefes dos chefes;* [4ª] *mas será quebrada, sem o esforço de qualquer mão. "*

b) Apocalipse 13: 5-6, 15 " *E foi -lhe dada primeiro uma boca que proferia grandes palavras e blasfêmias; e o poder foi dado a ele para agir quarenta e dois meses. E ela abriu a boca para proferir* [3ª] *blasfêmias contra Deus, para* [1ª] *blasfemar o seu nome, e o seu tabernáculo, e aqueles que habitam no céu (...)* [2ª] *e que ela fez isso todos aqueles que não adorassem a imagem da besta foram mortos.* "

c) 2 Tessalonicenses 2: 8 " *E então aparecerá o ímpio, a quem o Senhor Jesus destruirá* [4º] *com o sopro da sua boca, e que aniquilará com o resplendor da sua vinda.* "

29. Como este rei é caracterizado? Daniel 8:23

" *I l vai subir um insolente e rei artística.* "

CONCLUSÃO

Tudo relacionado, obviamente, ao retorno de Cristo é orquestrado em torno da festa de Natal, o exemplo é uma farsa para zombar de Deus e de seu Filho. Quanto ao Natal, sabemos além disso que não pertencia a nenhuma doutrina emanada dos apóstolos de Jesus! Mas, tendo falhado no assassinato do Rei do universo Jesus, o que foi esse predecessor de Tibério César, e o que ele fez? Mateus 02:16 " *Então Herodes, vendo que tinha sido jogado pelos magos, ficou muito irado e mandou matar todos os meninos de dois anos para baixo que havia em Belém e em todo o seu território, de acordo com a data que ele havia perguntado cuidadosamente aos Magos.* " Então, como os dois gigantes da fé saltaram no palco do evangelho contra a destruição dos poderes satânicos por terem se infiltrado no corpo de Cristo quando o calendário de Deus veio? Lucas 3: 1 - 3 " *No décimo quinto ano do reinado de Tibério César, -quando Pôncio Pilatos era governador da Judéia, Herodes tetrarca da Galiléia, seu irmão Filipe tetrarca de Ituréia e o território de Traquonita, Lisânias tetrarca de Abilena, e nos dias dos sumos sacerdotes Ana e Caifás, a palavra de Deus veio a João, filho de Zacarias, no deserto. E ele foi por todas as terras ao redor do Jordão, pregando o batismo de arrependimento, para remissão de pecados* "

Veja, os próprios atores do sacrifício de Jesus já estavam reunidos naquela passagem da Bíblia: Sumos Sacerdotes Ana e Caifás. Citado na atualidade segundo a originalidade do relato do evangelista Lucas, a quem gostamos de chamar de evangelista da época, já participavam como dirigentes do povo desde o décimo quinto ano, quando João entrou em ação em Israel. Quem foi este Tibério César? Lucas 3: 1 " *Décimo quinto ano do reinado de Tibério César* " Tibério César foi o sucessor deste outro imperador que queria matar Jesus quando ele acabava de nascer, e de quem José e Maria deveriam receber ordens formais do anjo Gabriel para fugir à noite para outro deserto, o deserto do Egito.

A hus com que idade Jesus entrou no Egito? Mateus 02:11 " *Eles entraram na casa, viram o menino com Maria, sua mãe, inclinaram-se e adoraram; então eles abriram seus tesouros e lhe ofereceram ouro, incenso e mirra como um presente.* " As sagradas escrituras não dizem isso formalmente, mas lemos lá: Mateus 2: 19-23" *Quando Herodes estava morto, eis que um anjo do Senhor apareceu em sonho a José no Egito, e disse: Levanta-te, leva o criança e sua mãe, e vão para a terra de Israel, porque aqueles que queriam a vida da criança estão mortos. José se levantou, pegou o bebê e sua mãe e foi para a terra de Israel. Mas, ao ouvir que Arquelau reinava sobre a Judéia em vez de Herodes, seu pai, ele teve medo de ir para lá; e divinamente avisado em sonho, retirou-se para o território da Galiléia e veio habitar na cidade chamada Nazaré, para que se cumprisse o que os profetas haviam anunciado: Ele será chamado nazareno. "* Jesus nasceu em uma manjedoura para animais, pastores, porque a cam para homenagear Lucas 2: 12 *" E isto será um sinal para vocês: vocês encontrarão um enfaixado e deitado em uma manjedoura. "* Jesus e seus pais ficaram neste local, após o afluxo de famílias que também vieram se cadastrar, mais tarde tiveram tempo de se mudar para outro lugar no momento oportuno. E assim escapar do constrangimento do estábulo encontrando conforto em uma casa, para morar lá certamente até a circuncisão que era praticada oito dias após o nascimento de acordo com a lei de Moisés. Mas após este interlúdio de calma, o decreto de Herodes será promulgado, testemunhando a natureza das relações que iriam animar os dois regentes em a base. Mateus 02:16 " *Então Herodes, vendo que tinha sido jogado pelos magos, ficou muito irado e mandou matar todos os meninos de dois anos para baixo que havia em Belém e em todo o seu território, de acordo à data que ele cuidadosamente indagou aos Magos.* No mínimo, essas pistas mostram que Jesus tinha mais de oito dias de idade quando foi forçado a fugir para o Egito. Não se podia acreditar que se passaram vários meses entre a chegada do Magi e th O decreto de Herodes. Conclusão Jesus foi com seus pais ao Egito com um ano ou menos!

Quanto tempo a família de Nazaré ficou no Egito? Apocalipse 12: " *E a mulher fugiu para o deserto, onde já tinha lugar preparado por Deus, para ali ser alimentada durante mil duzentos e sessenta dias.* " Embora ensinemos outro assunto que diz respeito à perseguição à Igreja, que a duração dos abusos de Babilônia deve durar exatamente

1260 dias proféticos ou 1260 anos literais. Portanto, podemos também conceber que o mesmo período de tempo da família de Nazaré poderia. ser expressa fait que même período de tempo, o objectivo desta vez literalmente. Assim que 1260 dias é de 3 literais anos e meio Porque lembremo-nos, o calendário judaico é de 30 dias por mês:. isso quer dizer que 360 dias no ano Então tens para calcular esta duração 1260: 360 = 3,5. Ao contrário do calendário greco-romano que varia entre 365 ou 366 dias. Esta disposição de 5 ou 6 dias aumentando o ano, certamente entrou em vigor entre os romanos após a profecia de *Daniel 7:25 " Ele falará palavras contra o Altíssimo, oprimirá os santos do Altíssimo e terá esperança de mudar o tempo e a lei "*

Portanto, para lidar com questões relacionadas ao tempo, precisamos nos familiarizar especialmente com o calendário judaico em todos os períodos de tempo expressos na Bíblia. Especialmente quando se trata da profecia de Deus. Portanto, esteja atento a todas as festividades, mesmo as mais inocentes na aparência; como as férias de anos que sabemos que também devem ser submetidos a heresia diabo sob a cúpula do seu servo do " 666 " anunciada por Daniel 7: 24-27 " *Os chifres dez são reis dez que eu s'vai surgir a partir deste reino. Um outro se levantará após eles, será diferente do primeiro, e ele subjugará três reis. Ele falará palavras contra o Altíssimo, ele oprimirá os santos do Altíssimo, e ele terá esperança de mudar os tempos e o lei; e os santos serão entregues na sua mão por um tempo, e uma vez, e uma metade de um tempo. Então virá o julgamento, e eles vão ter o seu domínio, que será destruído e aniquilado para sempre.* ". " *E t pensar em mudar os tempos e a lei t* " precisamente ao mesmo tempo, está sob ataque de Reis, em vista da distorção intencionais er dados sobre a compreensão do cumprimento dos fatos proféticos previamente estabelecida por Deus na Bíblia.

RESUMO

2. Como a profecia bíblica já anunciou essa abordagem do VATICANO aos governos terrestres? Apocalipse 18: 23

3. Cristo estava envolvido nas decisões relativas ao mundo político e financeiro de Israel ou dos romanos?

Vamos ler contraditoriamente o que diz o Chefe da Igreja Católica, Bento XVI.

A destruição do Vaticano e a ascensão de seu líder atual como Governador Mundial.

O SÍMBOLO DE UMA APOSTASIA ESPIRITUAL 32

4. Qual é o segundo ponto da mensagem tripla? Apocalipse 14: 8

5. Que ordem Deus dá a respeito de Babilônia Apocalipse 18: 4

6. Quais são as razões pelas quais Deus deseja que Seu povo saia de Babilônia?

7. Alguns dizem que é a cidade real, restaurada. O que a Bíblia diz? Isaías 13: 19-21

8. Que símbolo Deus usa para descrever Babilônia? Apocalipse 17: 15

9. O que o Apocalipse chama de Babilônia, a Grande? Apocalipse 17: 5.

ABOMINAÇÃO DA DESOLAÇÃO (papado) - PASSADO, PRESENTE, FUTURO

10. Como Deus descreve a Besta em Apocalipse 17?

AQUI ESTÁ A EXPLICAÇÃO 36

11. Quais poderes são representados pelas sete montanhas?

Apocalipse 17: 9-11

12. ANALISAR l

13. Quantos são? Apocalipse 13: 3

14. Quem é aquele que " é "?

15. Mas o que aconteceria a seguir na cronologia das sucessões à frente da besta?

16. O que a Bíblia diz sobre esse personagem?

17. Também é verificado?

18. Finalmente, o que anuncia para o fim?

19. Qual é o termo usado para encerrar seu reinado?

Apocalipse 13: 3

20. Compare os termos usados aqui para identificar esta besta?

II Thesalonians 2: 1-3

21. O que é isso realmente?

COMO SEU FIM ACONTECERÁ? VAMOS RECAPITAR ESSES EVENTOS EM UM GRÁFICO!

DATAS IMPORTANTES NA CURA E RECUPERAÇÃO DE FERIDAS DA BESTA: Apocalipse 13

(O REI QUE DEVE PERMANECER MUITO TEMPO, porque " Um existe " = 27 anos)

22. *O que os dez chifres representam?* Apocalipse 17: 12

23. *E como esse homem ímpio, filho da perdição, será destruído, aquele que se fará Deus e adorará no templo de Deus?* 2 Tessalonicenses 2: 8

PROFECIAS DESCREVENDO A DESTRUIÇÃO DO VATICANO, MAS SALVANDO POR UM TEMPO SEU ATUAL CHEFE: FRANÇOIS 1 ER 55

24. *Em que ponto exatamente a força do adversário de Deus, o homem ímpio, o Filho da perdição, deve aumentar?* Daniel 8: 23-24

25. *Como e por quem esse poder religioso será destruído?* Apocalipse 17:16

26. *Mas, ao mesmo tempo, entendemos a urgência de estar em perfeita comunhão com Deus por meio de Jesus Cristo, neste final de história?*

27. *O que a Bíblia diz sobre a destruição do rei astuto no livro de Daniel?* *Daniel 8:25*

28. *Além disso, como os reinos da terra deveriam ser destruídos de acordo com o sonho de Daniel com o rei Nabucodonosor?* *Daniel 2: 44-45*

29. *Como este rei é caracterizado?* *Daniel 8:23*

NA MESMA COLEÇÃO DE ESTUDOS BÍBLICOS:

1. A PROFECIA MAIS LONGA DA BÍBLIA; TÍTULO I, O BATISMO DE JESUS CRISTO, A ANUNÇÃO DO SÃO DOS SANTOS.

2. A PROFECIA MAIS LONGA DA BÍBLIA; TÍTULO II, A PURIFICAÇÃO DO SANTUÁRIO, SATANÁS É CAÇA PARA FORA DO CÉU.

3. O FIM DO MUNDO NA BÍBLIA E NO SINAL DA BESTA, O " 666 ".

4. O GRANDE SINAL DA BESTA, O (666) REVELADO.

5. COMO OS HOMENS JÁ TOMARAM O SINAL (666) DA BESTA NA FRENTE?

6. COMO OS HOMENS JÁ TOMARAM (666) O SINAL DE BESTA NA MÃO?

7. OS DEZ MANDAMENTOS DE DEUS E A SALVAÇÃO EM JESUS CRISTO.

8. OS TEMPOS, O PECADO DE JUDAS NA IGREJA CONTEMPORÂNEA APOSTASIADA.

9. QUAIS SÃO OS OUTROS SINAIS DA BESTA?

10. O FUNCIONAMENTO DA IGREJA APÓSTATA.

11. PARAÍSO E ESPERANÇA CRISTÃ.

12. A IGREJA, OS CRISTÃOS.

13. QUEM É O VERDADEIRO DEUS?

14. HÁ UM DEUS!

15. EXISTE UM SENHOR!

16. HÁ UM ESPÍRITO!

17. EXISTE APENAS UMA FÉ!

18. HÁ UMA ESPERANÇA!

19. HÁ UM CORPO!

20. EXISTE APENAS UM BATISMO!

21. O SELO DE DEUS NO APOCALIPSE.

22. O SELO DO DIABO NO APOCALIPSE.

23. O DIA QUANDO DO VATICANO, a grande prostituta, a mãe do necessário será DESTRUÍDO.

24. AQUI ESTÁ O GRANDE SINAL DO FIM DOS TEMPOS E DO RETORNO DE JESUS DE CRISTO.

25. O MOVIMENTO ISLÂMICO DESCRITO NO LIVRO DO APOCALIPSE.

26. A ÚLTIMA IGREJA, OS 144.000, O RETORNO DO SENHOR JESUS CRISTO E A ETERNIDADE.

27. VIGÉSIMA SÉTIMA ESCRITA: O TESTEMUNHO! VIDA E TESTEMUNHOS CRISTÃOS!

I want morebooks!

Buy your books fast and straightforward online - at one of world's fastest growing online book stores! Environmentally sound due to Print-on-Demand technologies.

Buy your books online at
www.morebooks.shop

Compre os seus livros mais rápido e diretamente na internet, em uma das livrarias on-line com o maior crescimento no mundo! Produção que protege o meio ambiente através das tecnologias de impressão sob demanda.

Compre os seus livros on-line em
www.morebooks.shop

KS OmniScriptum Publishing
Brivibas gatve 197
LV-1039 Riga, Latvia
Telefax: +371 686 204 55

info@omniscriptum.com
www.omniscriptum.com

Printed by Books on Demand GmbH, Norderstedt / Germany